세상을 바꾸는 **아름다운 부자 이야기 02**
간송 **전형필**

세상을 바꾸는 아름다운 부자 이야기 02
간송 전형필

기획 · 손영운
글 · 박용희
그림 · 지현우

펴낸이 · 조승식
책임편집 · 이진경
편집 · 김경숙, 신문희, 박진희, 이혜영, 조슬지
제작 · 이승한
마케팅 · 김동준, 임종우, 이상기
관리 · 박종환, 하나리, 송연숙
펴낸곳 · BH balance & harmony
등록 · 제22-457호
주소 · 142-877 서울 강북구 한천로 153길 17
홈페이지 · www.bookshill.com
전자우편 · bookswin@unitel.co.kr
전화 · (02)994-0071
팩스 · (02)994-0073

2015년 4월 10일 1판 1쇄 인쇄
2015년 4월 15일 1판 1쇄 발행

값 12,000원

ISBN 978-89-5526-938-3
　　　978-89-5526-936-9(세트)

BH balance & harmony는 (주)도서출판 북스힐의 단행본사업부 임프린트입니다.
* 잘못된 책은 구입하신 서점에서 바꿔 드립니다.
　이 책의 수익금 일부는 어려운 이웃을 돕는 단체에 기부됩니다.

기획자 글

멋진 부자가 되기를 바라며

우리는 부자를 꿈꿉니다. 좋은 동네에 있는 으리으리한 집에서, 남들이 부러워하는 멋진 차를 타고, 또 원하는 명품은 뭐든 살 수 있는 돈 많은 부자가 되었으면 좋겠습니다. 그래서 돈 많이 버는 직업을 갖고 싶고, 유명한 사람이 되었으면 좋겠고, 하는 일은 무엇이든 '대박'이 터졌으면 좋겠습니다.

그런데 이런 우리의 생각을 뛰어넘어 '더 멋진 삶'을 사는 부자들이 있습니다. 그들은 내가 가진 것으로 우리 가족 몇 명이 아니라 세상의 아주 많은 사람들을 행복하게 할 수 있다고 믿는 사람들입니다. 대표적인 사람이 빌 게이츠입니다.

빌 게이츠는 먼저 자신이 하는 일을 이용해서 학교와 도서관에 컴퓨터를 무료로 나누어 주었습니다. 그리고 아프리카 어린이들이, 손쉽게 구할 수 있는 약을 구하지 못해 속수무책으로 죽어 가는 것을 본 후에는 그 아이들을 위해 엄청난 돈을 내놓았습니다. 덕분에 아프리카 아이들이 목숨을 건지고 미래를 꿈꿀 수 있게 되었습니다. 그는 1994년 한 잡지사와의 인터뷰에서, 많은 재산을 자녀들에게 남기는 것은 정신 건강에 해롭다면서, 번 돈의 95%를 사회에 내놓겠다고 약속하기도 했습니다. 한 사람의 부자가 어떤 마음을 먹느냐에 따라 아주 많은 사람들의 삶이 바뀌고, 진정한 부자란 이렇게 멋지게 세상에 영향을 끼치는 사람이구나 하고 전 세계가 놀라고 감동했습니다.

　"세상을 바꾸는 아름다운 부자 이야기"는 우리가 본받고 싶은 '진짜' 부자들의 삶을 그린 만화입니다. 그들이 꿈을 이루기 위해 어떻게 어려움을 이겨내고 또 어떤 노력을 기울였는지를 볼 수 있습니다. 그리고 부자가 되는 것도 힘들지만, 피땀 흘려 번 돈을 사회나 이웃을 위해 쓰기는 더더욱 어려운 일입니다. 우리는 그들이 왜 힘들게 번 돈을 다른 사람을 위해 아낌없이 내놓았는지, 각 사람의 이유도 들을 수 있습니다.

　석유왕 록펠러는 이런 말을 했습니다. "나는 신으로부터 돈을 벌 수 있는 재능을 받았기 때문에 돈을 버는 것은 내 의무이며, 더 많은 돈을 주위 사람들에게 양심이 시키는 대로 써야 한다."

　이 책을 읽는 여러분도 꿈을 꾸고 그것을 이루기 위해 꾸준히 노력할 수 있다면, 이미 부자가 될 수 있는 재능을 받은 것이라고 저는 믿습니다. 그런 여러분이 이 책의 주인공들처럼 열심히 살며 주위 사람들에게 양심이 명하는 대로 나눌 수 있는 진짜 멋진 부자가 되기를 바라 봅니다.

2015년　손영운

★ 이 책의 이야기는 사실을 바탕으로 각색되었음을 밝힙니다.

차례

첫 번째 이야기 ...8
하늘이 내린 아이

두 번째 이야기 ...28
빼앗긴 나라에서 봄을 꿈꾸다

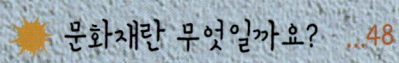

● 문화재란 무엇일까요? ...48

세 번째 이야기 ...52
평생의 스승을 만나다

네 번째 이야기 ...72
책방에서 길을 찾다

● 외국에 있는 우리나라 국보급 문화재 ...92

다섯 번째 이야기 ...96
꿈같은 꿈

여섯 번째 이야기 ...116
청잣빛 하늘 아래 도자기를 만나다

★ 세계의 유명 박물관을 가다! ...136

일곱 번째 이야기 ...140
두 가지 업: 문화 양성과 인재 양성

여덟 번째 이야기 ...160
새 시대, 새 고난

★ 인류가 함께 보호해요 '유네스코 등재 유산' ...180

아홉 번째 이야기 ...182
이현서옥 사랑방 친구들

열 번째 이야기 ...202
간송이 남긴 아름다운 유산

★ 학교에서 만난 간송 미술관 대표 소장품 ...222
★ 되짚어 보고 생각해 보고 ...224
★ 간송 전형필 선생 연보 ...226

첫 번째 이야기
하늘이 내린 아이

두문불출(杜門不出)
'두문불출'이라는 말을 한자 뜻 그대로 풀면 "문을 닫고 밖으로 나가지 않음"이다. 1392년, 고려의 신하였던 72명이 고려가 망하고 조선이 세워지자 새 왕조를 섬기지 않겠다는 뜻을 보이며 두문동에 깊이 들어가 세상에 나오지 않았다고 한 데서 생긴 고사성어다. 이 고사성어는 중국에서도 오래전부터 사용해 왔는데 우연의 일치인지 고려의 신하들이 몸을 숨긴 지역의 이름 자체가 '두문동(杜門洞)'이었다. 그래서 "두문동에서 밖으로 나가지 않음"이라는 뜻이 되기도 한다.

• 고사리를 캐어 먹었다고 해서 붙은 호.

조선의 신하가 되지 않겠다고 선언한 전오륜은 손수 농사를 지으며 정선에서 살았지만

세월이 흘러 벼슬에 오르는 후손이 나오고 또 가족들과 함께 서울로 이사하는 후손도 생겼다.

1906년 한양, 배오개 장터.

응애 응애

배오개 장터

조선 시대에 유명했던 서울의 3대 시장 중 하나로, 지금의 종로 4가와 광장 시장 일대를 말한다. 고개 입구에 배나무가 심겨 있어서 '배고개'라 하다가 '배오개'가 되었다. 숲이 울창하여 대낮에도 혼자서 넘기가 무서워 백 명을 모아야만 넘는다고 해서 '백고개'라 부른 데서 유래했다는 설도 있다.

* 노산(老産): 나이 많아서 아이를 낳음.

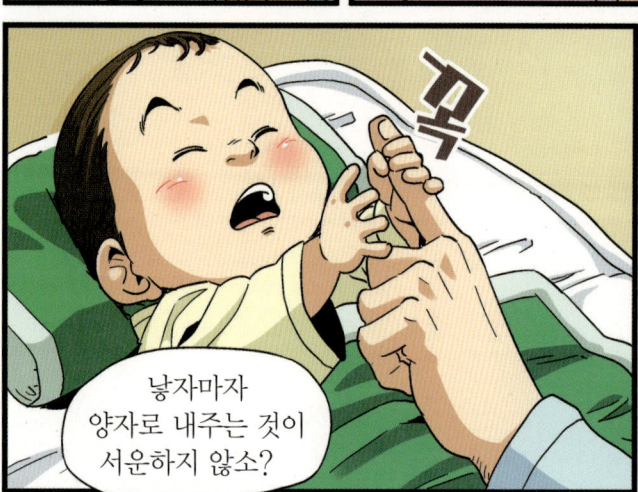

• 호상(好喪): 복을 누리고 오래 산 사람의 죽음을 두고 이르는 말.

• 삼년상: 부모가 돌아가신 이후 자식이 3년 동안 상복을 입고 슬퍼하는 것.

1919년 순종에게 왕위를 물려주고 덕수궁에서 지내던 태황제*인 고종이 갑자기 세상을 떠났다.

태황제께서요?! 건강하셨는데 갑자기 왜요?

일본에서 독살했다는 소문도 있지만 증거가 없으니 속수무책일 뿐이야.

• 태황제: 자리를 넘겨주고 물러난 황제.

3·1 만세 운동
1919년 3월 1일, 일제 강점기에 있던 한국인들이 독립을 선언하고 만세 운동을 시작한 사건. 대한 제국 고종의 장례식인 3월 3일에 맞추어 한반도 전 지역에서 독립 운동이 일어났다. 약 3개월간 전국적으로 퍼져 나간 독립 운동을 일제는 대대적으로 탄압하여, 유관순을 비롯한 많은 사람들이 체포되었다. 일제의 기록에는 집회에 모인 사람이 202만여 명, 사망자가 7,509명, 구속된 사람이 4만 7,000여 명이었다.

두 번째 이야기

빼앗긴 나라에서 봄을 꿈꾸다

1921년, 전형필은 어의동 공립 보통학교를 졸업하고 휘문 고등보통학교에 진학한다.

졸업을 축하한다.

상복을 입고 입학한 학교를 상복을 입고 졸업하게 되었구나.

종화가 작년 졸업생이란다. 그동안 왕래도 없었으니 외삼촌 댁에 놀러가서 학교생활에 대한 조언도 듣고 그러렴.

네.

전형필의 외사촌은 나중에 유명한 문학가가 된 월탄 박종화였다.

아이고, 이게 누구야!

잘 지내셨습니까, 형님? 자주 찾아뵈었어야 하는데 사정이 여의치 않았습니다.

나도 결혼이다 졸업이다 괜히 분주해서 먼저 찾아가질 못했네.

이번에 내 후배가 된다지?

학교 동문도 되었으니 편하게 자주 드나들도록 해.

월탄 박종화(1901~1981)

시인이자 소설가 겸 비평가. 문학잡지 〈문우〉와 〈백조〉 등을 발간하였다. 처음에는 낭만적인 시를 쓰다가 1935년 장편 "금삼의 피"를 매일신보에 연재하면서 많은 역사 소설을 발표하였다. "다정불심"과 "금삼의 피"는 영화로, "여인천하"는 드라마로 제작되었다. 문화 훈장 대통령장, 국민 훈장 등의 상을 받았으며 1966년 제1회 5·16 민족상을 수상한 상금으로 월탄문학상을 만들었다.

신구서림과 지송욱

지송욱은 지금의 동성 고등학교인 소의학교를 세우는 데 힘을 보탰던 인물로, 조선 말의 대표적인 서점 중 하나인 신구서림을 운영하였다. 처음에는 이름 없이 출판하다가 1907년부터 신구서림이라는 이름을 사용하였다. 1910년대 중반부터 박종화의 할아버지인 박태윤의 도움을 받아 본격적으로 고전소설과 신소설, 우리나라의 문화와 풍속을 소개하는 책을 출판하는 등 활발하게 활동했다.

옥정연재(玉井研齋)

"우물에서 퍼 올린 구슬 같은 맑은 물로 먹을 갈아서 글씨를 쓰는 집"이라는 뜻이다. 전형필의 서재 이름이기도 하지만 나중에 호(號)로도 불린다. 예전에는 이름보다는 호를 지어 편하게 부르곤 했는데, 전형필에게는 '간송(澗松)', '지산(芝山)', '취설재(翠雪齋)', '옥정연재' 등의 호가 있었다.

전형필의 친구들

미술부장 청마 이마동(1906~1980)은 도쿄 미술학교를 졸업하고 돌아와 서양화가로 활발하게 활동했으며, 나중에 전형필이 운영하는 보성 학교의 미술 교사와 교감을 지내고 홍익 대학교 미술 대학 교수와 학장을 지낸다. 축구부장 벽은 박정휘 또한 평생의 친구로, 보성 학교 영어 교사로 훈육주임을 맡는다.

그래도 아들로서 아버지의 회갑을 지나칠 수 없던 전형필은 간소하나마 잔치를 벌이고 손님을 맞아 생신을 축하했다.

그리고 다음 해 우수한 성적으로 휘문 고등보통학교를 졸업하고 와세다 대학 법과에 입학한다.

당시의 교육 제도

조선 시대 말에 신식 학교가 생겼다가 일제 강점기 때에 여러 번 명칭과 교육 기간이 바뀌었다. 1920년 이후 보통학교(지금의 초등학교) 6년, 고등보통학교(지금의 중·고등학교. 줄여서 '고보') 5년을 졸업하면 지금의 대학에 해당하는 전문학교와 대학교에 들어갈 수 있었다.

문화재란 무엇일까요?

99칸 대저택의 부잣집 도련님으로 태어난 전형필 선생은 신문물을 배우기 위해 일본으로 유학을 떠납니다. 그리고 그곳에서 조국이 처한 현실을 더욱 뼈저리게 느끼고 자신이 할 수 있는 일에 대해 고민하게 됩니다. 그러다 만난 것이 우리 문화재였습니다.

전형필 선생이 그토록 지키려고 했던 문화재란 무엇일까요? 여기서는 문화재의 뜻과 그 종류에 대해 알아봅시다.

문화재란 조상들이 남긴 유산 중에서 역사적으로나 문화적으로 가치가 높아서 보호해야 할 것입니다. 문화재를 보면 우리 조상들이 살았던 모습을 추측할 수 있고, 당시의 기술과 지혜를 알 수 있으며, 앞으로 우리가 문화를 어떻게 발전시켜 나가야 하는지를 알 수 있습니다.

다른 나라와 마찬가지로 우리나라에서도 이런 문화재를 훼손하지 않고 잘 보존하기 위해서 국가 지정 문화재와 시도 지정 문화재, 지정하지는 않았지만 꾸준히 보호하고 보존이 필요한 비지정 문화재 등으로 분류하여 관리하고 있습니다.

국가 지정 문화재

말 그대로 국가가 지정한 문화재입니다.

① **국보:** 보물로 지정될 가치가 있는 것 중에서 아주 오래전에 만들어졌고 또 그 시대를 대표하거나 비슷한 것이 드물고 우수하며, 특이하거나 역사적인 인물과 관련이 있는 것들입니다.
(예) 국보 제1호 숭례문(남대문), 국보 제70호 훈민정음.

❷ **보물**: 건축물, 서적, 옛 문서, 그림, 조각처럼 형태가 있는 문화재 중에서 중요한 것들입니다.

(예) 보물 제1호 흥인지문(동대문), 보물 제850-1호 대동여지도.

❸ **사적**: 기념물 중에 패총, 고분, 성터, 궁터, 묘지, 비 등 역사적으로 중요한 사건이나 시설의 자취로서 중요한 것들입니다.

(예) 사적 제3호 수원 화성, 사적 제1호 경주 포석정지.

❹ **명승**: 기념물 중에 경치가 아주 아름다워서 오염시키지 말고 잘 보존해야 하는 곳입니다.

(예) 명승 제1호 명주 청학동 소금강.

❺ **천연기념물**: 기념물 중에 동물이나 식물·광물 등 우리나라에만 있거나 멸종되어 가는 것들 또는 동물의 서식지·번식지·도래지, 식물의 자생지 중 중요한 곳입니다.

(예) 천연기념물 제35호 진도의 진돗개, 천연기념물 제524호 창녕 우포늪 천연 보호 지역.

❻ **중요 무형 문화재**: 음악, 무용, 연극, 공예 기술처럼 형태가 없는 문화재 중에 가치가 큰 것들입니다. 또한 그러한 기술을 가지고 그 문화를 이을 수 있는 사람은 중요 무형 문화재 보유자, 즉 흔히 말하는 '인간문화재'가 될 수 있습니다.

(예) 중요 무형 문화재 제1호 종묘 제례악(종묘에서 제사를 지낼 때 쓰던 음악), 중요 무형 문화재 제2호 양주 별산대놀이(서울·경기 지방에서 즐겼던 탈춤놀이).

2008년 화재를 입고 2013년에 복원된 국보 제1호 숭례문.

❼ **중요 민속 문화재:** 조상들의 의식주, 교통, 사회생활, 민속, 신앙, 놀이 등과 관련된 장소와 물건 중에 중요한 것들입니다.

(예) 중요 민속 문화재 제122호 안동 하회 마을, 중요 민속 문화재 제1호 덕은 공주 당의(덕은 공주가 궁에서 입었던 예복).

시·도 지정 문화재

국가가 지정하지 않은 문화재 중에서 보존 가치가 있는 것을 시·도에서 지정한 것입니다.

❶ **유형 문화재:** 건축물, 그림, 글씨, 조각품, 공예품 등, 형태가 있고 만질 수 있는 문화재 중에서 역사적·예술적으로 가치가 큰 것들입니다.

❷ **무형 문화재:** 음악, 무용, 연극, 공예 기술처럼 형태가 없는 문화재 중에서 역사적·예술적·학술적으로 가치가 큰 것들입니다.

(예) 서울특별시 무형 문화재 제4호 연날리기.

간송 미술관에 있는 서울특별시 유형 문화재 제28호 삼층석탑.

❸ **기념물:** 패총, 고분, 성터, 궁터처럼 역사적으로 중요한 사건이나 시설의 자취가 남아 있는 사적지로서, 역사적·학술적으로 가치가 큰 것, 경치가 뛰어나서 예술상·관람상 가치가 큰 것 및 동물(서식지, 번식지, 도래지 포함), 식물(자생지 포함), 광물, 동굴로서 학술상 가치가 큰 것 등이 속합니다.

❹ **민속 문화재:** 의식주·생업·신앙·연중행사 등에 관한 풍속·관습과, 여기에 사용되는 의복·기구·집 등으로서 생활의 변화를 이해하는 데 없어서는 안 될 것이 속합니다.

문화재 자료

시도 지정 문화재가 아닌 문화재 중에서 고장의 문화를 보존하는 데 필요하다고 생각하여 시·도에서 지정한 문화재입니다.

등록 문화재

지정 문화재가 아닌, 근현대 시기에 만들어진 건축물이나 기념이 될 만한 시설물 형태의 문화재 중에서 보존해야 할 가치가 큰 것들입니다.

(예) 등록 제1호 남대문로 한국전력 사옥, 등록 제22호 철원 노동당사.

비지정 문화재

문화재보호법이나 시도에서 지정하지 않은 문화재 중에서 보존할 만한 가치가 있는 문화재입니다.

세 번째 이야기
평생의 스승을 만나다

고보 때 야구 경기를 하러 왔을 때만 해도 조선과 그리 다르지 않다고 생각했는데, 지금 보니 신천지* 로군.

생각했던 것보다 많이 서구화되었지? 미술 쪽으로도 유럽과 활발하게 교류하는 모양이더라고.

* 신천지(新天地): 새로운 세상.

장서목록용 공책
장서, 즉 가지고 있는 책을 알아보기 쉽게 정리하는 공책이다. 도서관이나 문고에 있는 도서 목록과 비슷하다. 마루젠[丸善]은 1869년부터 문을 연, 일본의 오래된 서점으로, 장서목록용 공책 같은 문구도 판매하였다.

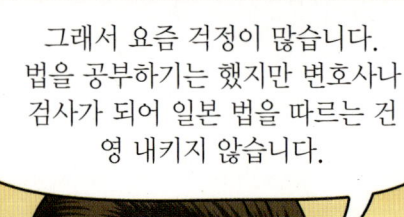

> **춘곡 고희동**(1886~1965)
> 전형필의 고보 시절 미술 선생님이었으며 우리나라 최초의 서양화가였다. 1909년 한국 최초의 미술 유학생으로 1915년 도쿄 미술학교에서 공부한 뒤 귀국하여, 우리나라에 서양화가 뿌리내리는 데 힘썼다. 한국 전통 문화에 대한 애정이 남달랐던 그는 1920년대 중반에 들어 동양화를 바탕으로 서양화의 기법을 사용한 산수화를 그려 새로운 평가를 받았다. 주요 작품으로 〈산〉, 〈자화상〉 등이 있다.

전형필은 집안일을 돌보며 많은 것을 생각하고 정리했다.

지난번 선생님의 말씀을 듣고 가슴이 설레고 뜨거워지는 것을 느꼈습니다.

할 수 있다면 민족 문화재를 지키는 일을 하고 싶습니다.

하지만 제게는 어떤 것이 중요한 민족 문화재인지 알아볼 만한 눈이 없습니다.

위창 오세창.

그의 집안은 대대로 조정에서 통역을 맡아 보던 역관을 지냈다.

역관인 동시에 추사 김정희의 제자였던 아버지 오경석 덕에 많은 서화를 물려받은 오세창은

3·1 운동을 이끈 33인 중 한 사람으로 옥에 갇혀 고생했던 독립운동가이며 언론인이기도 했다.

그는 서예와 전각에 많은 지식이 있었고, 유명한 글씨나 그림이 진짜인지 판단하는 감식에도 감히 따를 자가 없었다.

• 전각(篆刻): 나무, 금, 옥 등에 이름이나 호 등을 전자(篆字)체로 새기는 것.

- 탁본(拓本): 비석 등의, 글씨나 무늬가 새겨진 부분에 한지를 붙이고 먹주머니로 두들겨 그대로 본을 뜨는 것.
- 인장: 도장.

• 아호(雅號): 문인, 학자, 예술가 등이 본래 이름 이외에 따로 지어 사용하는 이름.
•• 나라가 어려울 때에야 애국지사의 훌륭한 뜻과 기상을 알게 된다는 것을 빗대어 말한 것이다.

이렇게 탁본 한 장을 인연으로 전형필은 평생 불릴 아호를 얻으며 위창 오세창의 제자가 되었다.

하늘이 내린 거부*이자 문화재 사랑을 시작한 20대의 간송 전형필이 만났으니 시대를 아우르는 예술적 계보가 만들어지는 놀라운 자리였다.

최고의 심미안을 가진 감식가, 60대의 위창 오세창과

최초의 유학파 서양화가인 40대의 춘곡 고희동,

심미안(審美眼)
아름다운 것을 알아보는 눈을 뜻한다. 뛰어난 가치를 지닌 문화예술품을 구별할 수 있는 능력을 가진 사람에게 '심미안을 가졌다.' '심미안이 있다.'라고 말한다.

• 거부: 부자 중에서도 특히 큰 부자.

네 번째 이야기

책방에서 길을 찾다

1930년 3월, 전형필은 상복을 입은 채로 졸업했다.

아버님, 죄송합니다.

두 분 할아버님께서 80세를 넘기셨기에 아버님 그늘에 오래 있을 줄 알고 철없이 편하게 지냈습니다.

전형필은 그렇게 집안의 모든 책임을 짊어지는 청년 가장이 되었다.

쌀 10만 석은 지금의 얼마일까?

쌀 10만 석은 20만 가마니다. 당시에는 쌀의 가치가 지금보다 높았기 때문에 약 50가마니로 한양의 기와집 한 채를 살 수 있었다. 즉, 쌀 20만 가마니면 집을 4,000채를 살 수 있고, 현재 집 한 채의 가격을 평균 3억 원이라 생각한다면 약 1조 2,000억 원이 된다.

• 미곡상: 쌀을 비롯한 곡식 등을 사고파는 가게.

자네 소식은 간간이 들었네.

부친이 돌아가셨다니 애석하게 되었군.

졸업하고 바로 인사드리려 했는데 아버님을 대신해 처리해야 할 일이 많아서 늦었습니다.

- 명필: 여기서는 명필가를 말하며, 글씨를 잘 쓰기로 이름난 사람을 이른다.
- 필적(筆跡): 손으로 직접 쓴 글씨의 모양이나 습관, 솜씨를 말한다. 붓글씨를 많이 쓰는 유명한 학자나 서예가 들은 자신만의 독특한 글씨체가 있어서 서체를 보면 누가 썼는지 알아볼 수 있었다.

오세창은 직접 보는 것보다 좋은 공부는 없다며 《근역서화징》과 《근역화휘》를 빌려 주었다.

간송은 집으로 돌아와 두 달 동안 매일 이 책들을 보고 또 보았다.

《근역서화징》은 우리나라 서화가들을 시대별로 정리하여 소개한 책이고,

근역서화징(槿域書畵徵)

신라의 화가 솔거부터 고려 그리고 조선 말까지의 서화가 1,117명을 소개한 인명 사전이다. 이름, 출생 연도, 관직 등 기본 정보는 물론이고, 예술 세계에 대한 기록과 논평, 작품명까지 싣고 있다. 예술성이 뛰어나지 않더라도 기록에 있는 인물은 모두 싣고 있다. 오세창이 편집하여 1928년에 계명구락부에서 출판했으며 책 크기는 14.8cm×21.0cm이고 324쪽이다. 우리나라의 서화가들을 평가하는 가장 권위 있는 자료로, 광복 이후에 나온 《한국서화인명사전》 등은 모두 이 책을 인용하였다.

《근역화휘》는 우리나라 작가들의 뛰어난 작품을 폭넓게 모아서 묶은 책이었다.

정말 대단한 책이다!
책장을 열면 무릉도원에라도
빠진 듯 시간 가는 줄을
모르겠어.

탁

나는 위창 선생님처럼
이런 대단한 화첩을 꾸밀
수는 없을 것 같다.

근역화휘(槿域畵彙)

위창 선생이 엮은 회화첩으로, 같은 제목의 책이 서울대 박물관과 간송 미술관에 각각 있다. 서울대에 있는 《근역화휘》는 천, 지, 인(天, 地, 人) 세 권으로, 조선 초기부터 말기까지 67점의 다양한 그림을 싣고 있다. 전해지는 작품 수가 많지 않은 화가들의 작품을 담고 있어 한국 회화의 역사를 연구하는 데 귀중한 자료가 된다.

심재 백두용과 한남서림

한남서림은 심재 백두용이 1905년 인사동에 문을 연 서점이다. 1920년대 관훈동으로 옮긴 후 1층에는 서점, 2층에는 책을 인쇄하는 인쇄소로 운영되었다. 형편이 어려워진 양반들이 내놓은 옛 책과 그림을 수집하거나 판매했으며, 많은 책을 출판하였다.

• 애제자(愛第子): 스승이 특별히 사랑하는 제자.

겸재 정선 (1676~1759)
조선 후기의 화가이자 문신. 20세에, 그림에 관련된 모든 것을 주관하던 관청인 도화서(圖畵署)에 들어가서 그림을 그렸다. 처음에는 유행하던 중국풍의 그림을 그리다가 30세 즈음에 독창적인 조선 산수화를 개발하였다. 금강산 같은 아름다운 곳을 찾아다니며 그림을 그려서 산수화를 많이 남겼다. 〈인곡유거(仁谷幽居)〉는 서울 인왕산에서 조용하고 소박하게 지내던 겸재 정선 자신의 집을 그린 것이라고 한다.

• 위작(僞作): 다른 사람의 작품을 흉내 내어 비슷하게 만든 작품.

안견의 몽유도원도(夢遊桃源圖)
1447년에 조선의 화가 안견이 세종 대왕의 셋째 아들 안평 대군의 꿈 이야기를 듣고 3일 만에 그린 산수화다. 38.7cm×106.5cm의 비단 바탕에, 먹색을 기본으로 옅은 채색을 입히는 수묵담채로 그려졌고, 안평 대군과 당시의 학자 20여 명의 감상이 덧붙여진 대작이다.

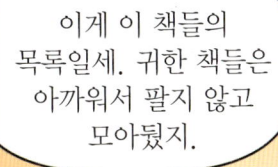
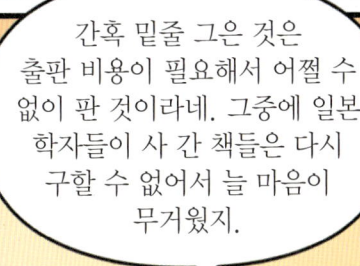

《동국정운(東國正韻)》과 《훈민정음(訓民正音)》
한글의 공식 명칭인 훈민정음은 '백성을 가르치는 바른 소리'라는 뜻이다. 세종 대왕은 당시 혼란스럽게 사용되던 한자 소리를 바로 잡아 통일된 표준음을 정하려고 한자 음을 훈민정음으로 표기한 《동국정운》을 편찬했다. 우리나라에서 최초로 한자음을 우리 음으로 표기하였다는 점에서 큰 의의가 있으며, 한글을 연구하는 자료로서도 《훈민정음》과 쌍벽을 이룰 정도로 높이 평가되고 있다.

외국에 있는 우리나라 국보급 문화재

전형필 선생이 살았던 일제 강점기 때, 우리의 국보급 문화재가 외국으로 많이 빼돌려졌습니다. 이런 일은 사실, 그 이전 임진왜란 때와 병인양요(1866년 병인년에 프랑스인들이 대원군의 가톨릭 탄압을 빌미로 강화도를 침범한 사건) 때도 있었는데, 나라가 힘이 없고 어려울 때 많이 일어났지요. 이야기에서 등장하는 안견의 〈몽유도원도〉도 언제였는지는 알 수 없지만 그렇게 일본으로 빠져나간 보물이었어요.

외국에 있는 우리 보물들은 외국인들이 돈을 주고 사간 것도 있지만 대부분이 약탈해 간 것입니다. "국외 소재 문화 재단"의 통계에 따르면, 외국에 있는 우리나라 국보급 문화재는 무려 15만 6,000여 점이 넘는다고 합니다. 그리고 그중 절반이 일본에 있습니다.

우리 정부는 우리 문화재를 되찾아 오려고 노력하고 있지만 우리 문화재를 가지고 있는 나라들이 이런저런 핑계를 대면서 돌려주기를 미루고 있습니다. 우리나라의 중요한 문화재가 외국 박물관이나 외국인의 손에 있다는 것은 문화대국으로서 치욕스러운 일입니다.

세상에서 가장 오래된 금속 활자본 《직지심체요절》

《직지심체요절》은 1377년 청주시 흥덕사에서 발행된 세계 최고의 금속 활자본입니다. 독일이 자랑하는 구텐베르크 성경보다 78년 앞선 금속 활자로 찍은 책으로, 지금은 프랑스 국립 도서관에 있습니다.

책의 원래 이름은 '백운화상초록불조직지심체요절(白雲和尙抄錄佛祖直指心體要節)'입니다. 고려의 백운 스님이 선(禪)을 깨닫는 진리를 뽑아서 만든 책으로, 원래는 상·하

프랑스 도서관에 있는 《직지심체요절》.

두 권이었으나 지금은 하권 한 권만 프랑스에 있습니다. 유네스코 세계 기록 유산으로 지정되었고, 프랑스에서도 귀중본으로 분류하여 보관하고 있는 아주 귀중한 자료입니다. 그런데 이 책이 아직 우리나라 어딘가에 한두 부 정도는 남아 있을 거라는 기대가 있습니다. 우리가 찾아보아야 할 것 같습니다.

다섯 나라를 여행하고 쓴 ≪왕오천축국전≫

통일 신라 시대 때인 727년에, 혜초 스님이 인도와 페르시아(오늘날 이란 지방), 중앙아시아를 여행하고 보고 들은 것을 쓴 일종의 기행문입니다. 8세기경 중국 사람들은 인도를 천축국(天竺國)이라 불렀습니다. 왕(往)은 '다녀오다', 오천축국(五天竺國)은 '다섯 나라', 그래서 '인도 다섯 나라를 다녀왔다' 하여 제목이 ≪왕오천축국전≫입니다.

1908년에 중국 둔황 석굴에서 발견된 것을 프랑스 고고학자인 폴 펠리오가 가져갔습니다. ≪왕오천축국전≫은 오늘날의 책의 모양과 다른, 세로로 30자씩 227행으로 쓴 두루마리 형태입니다. 이 책을 연구한 학자들은 책이 원본을 축약해 놓은 것이라 합니다. ≪직지심체요절≫과 함께 프랑스 국립 도서관에 있습니다.

일본의 국보인 백제의 '칠지도'

일본의 나라 현에 있는 이소노카미 신궁에는 길이 74.9센티미터에, 중심 날을 기준으로 양쪽에 나뭇가지 모양의 날이 각각 세 개씩 달린 칠지도가 있습니다. 칠지도(七支刀)란 7개의 가지가 있는 칼이라는 뜻입니다. 이 칼에는 '백제 왕세자가 일본 왜왕을 위해 만들어 주었다.'라는 글이 새겨져 있습니다.

이 칼이, 백제가 만든 사실은 틀림이 없지만, 우리나라에서는 백제 왕세자가 하사한(윗사람이 아랫사람에게 준) 것이라고 알고 있는 반면, 일본 학자들은 헌상하였다(윗

일본 나라 현에 있는 '칠지도'.

사람이나 임금에게 바쳤다)고 주장하고 있습니다. 일본 학자들의 해석에는 다분히 정치적 의도가 담겨 있지만 우리가 하사한 명백한 증거가 없으니 답답할 따름입니다.

조구 신사에 있는 통일신라 종

일본 후쿠이 현 쓰루가 시 조구 신사(절)에는 통일 신라 시대의 종이 있는데, 이것이 일본의 국보로 지정되어 있습니다. 이 종은 통일 신라 흥덕왕 때(833년) 만든 것으로, 고려 말이나 임진왜란 때 일본이 약탈해 간 것으로 짐작하고 있습니다.

일본에는 통일 신라 후기부터 고려 초에 만들어진 우리의 종이 약 50개나 있다고 합니다. 반면, 그 당시에 만들어진 종 중에 현재 우리나라에 남아 있는 종은 한 점도 없다고 하니 몹시 슬픈 일입니다.

조선의 막사발이 일본의 국보

국어사전에 막사발은 '품질이 낮은 사발'이라고 써져 있지만, 원래 막사발은 '조선 시대 평범한 가정에서 쓰던 사발'을 말합니다.

15세기경 일본 무사들 사이에서는 예법에 맞춰 차를 마시는 것이 유행하였는데, 그에 반해 차도구는 그리 발달하지 못하였다 합니다. 그러던 중에 조선의 막사발을 접하게 되었고 그 아름다움에 매료되었습니다. 그들은 조선의 막사발을 찻사발로서 '이도다완'이라 부르며 가지고 싶어했으나, 그 수가 많지 않아서 조선으로 가 막사발을 빼앗기도 하고 많은 도공들을 끌고 가기도 했습니다.

일본의 국보 〈기자에몬 이도다완〉.

그러한 막사발 중에 일본인들이 열광하는 이도다완이 있는데, 바로 일본 국보 제26호인 〈기자에몬 이도다완〉입니다. 이 막사발은 16세기 때 조선에서 일본으로 건너가, 임진왜란을 일으킨 도요토미 히데요시의 손을 거쳐 현재 교토 다이도쿠지라는 절에 보관되어 있습니다.

오구라 컬렉션

일본 도쿄 제국대학 법학부를 졸업한 오구라 다케노스케는 일제 강점기 때 '대구 남선 합동전기회사' 사장을 지낸 사람입니다. 그가 1922년부터 1952년까지 우리나라에서 일본으로 빼돌린 문화재가 약 1,100여 점 정도 되는 것으로 짐작하고 있습니다.

오구라는 더 많은 문화재를 수집하기 위해 조선 총독부의 힘을 빌리기도 하였고, 또 사람을 써 경주 지역 왕릉 주변을 도굴하기까지 하였습니다.

1960년대부터 우리나라는 오구라가 가져간 문화재를 돌려달라고 일본 정부에 요청하였지만, 일본 정부는 오구라 '개인의 소장품'이기 때문에 정부가 뭐라 할 수 없다는 답만 되풀이하였습니다. 오구라가 죽은 후 그 아들이 '재단법인 오구라 컬렉션 보존회'를 만들어 관리하다가 1981년에 모든 문화재를 도쿄 국립 박물관에 기증하였습니다. 이제 도쿄 국립 박물관에서 소장하는 만큼 우리 정부와 종교계까지 나서서 정당하지 못한 방법으로 훔쳐 간 문화재를 한 국가의 박물관에서 소장하고 있는 것은 부당하다고 압력을 넣고 있습니다.

빼앗긴 우리 문화재를 위해 우리가 할 일은 언제, 누가, 어떻게, 어떤 종류의 문화재를 불법적으로 운반해 갔는지 명확한 증거와 자료를 더 찾고 연구하는 것입니다. 그래야만 소중한 우리 문화재를 도로 찾는 데 효과적으로 대처할 수 있으니까요.

여기서 잠깐!

"우리 문화재를 되찾는 일에 앞장서고 있어요."

국외 소재 문화재 재단

해외에 흩어져 있는 우리 문화재를 파악하고 되찾는 일에 앞장서고 있는 기관이 있습니다. 바로, 문화재청에 속해 있는 "국외 소재 문화재 재단"입니다. 이곳에서는 불법으로 해외로 유출되어 흩어져 있는 우리 문화재를 조사하고, 관련 기관 및 단체 들과 힘을 합쳐 되찾는 일을 하고 있습니다. 또한 되돌려 받은 문화재에 대한 책을 펴내고, 외국에 있는 우리 문화재의 중요성과 그 가치를 더 많은 사람들에게 알리는 일도 하고 있습니다. 홈페이지 www.overseaschf.or.kr에 가면 더 많은 자료를 볼 수 있습니다.

국외 소재 문화재 재단 홈페이지.

다섯 번째 이야기
꿈같은 꿈

• 풍속도(風俗圖): 궁궐이 아닌, 백성들의 생활 모습을 그린 그림.

관아재 조영석(1686~1761)
조선 시대 숙종과 영조 때의 화가. 28세에 진사에 급제한 후 벼슬을 했고 죽은 후에 이조참판으로 품계가 올라갔다. 인물화와 산수화를 잘 그렸고 겸재 정선과 현재 심사정과 함께 '삼재(三齋)'라 불리며 칭송받았다.

• 수장(收藏): 거두어서 깊이 간직한다는 뜻.

• 거간꾼: '거간(居間)'은 물건을 사고파는 거래를 돕는 행동이고, '거간꾼'은 그 일을 하는 사람이다. 비슷한 말로 '중개인'이 있으며, 거간을 해 주고 받는 돈을 '거간비'라고 한다.

만약 그 계획이 실현된다면 우리나라 최초의 개인 박물관이 생기는 겁니다!

딱 봐도 만 평이 넘는 대지에 세워질 개인 박물관이라니!

누구나 찾아와서 조상의 혼이 담긴 책과 그림을 보며 영감을 얻을 수 있는 독립된 나라의 국민 박물관. 그것을 이곳에 세울 겁니다!

박물관 설계는 우리나라 최초이자 최고의 건축가인 박길룡이 맡았다.

얼마나 걸릴까요?

어지간한 건물이면 1년이면 충분하겠지만 최고급 자재로 튼튼하고 우아하게 지으려면 3년쯤 걸립니다.

3년씩이나요?

이태리에서 대리석도 수입해야 하고, 특히 수장고*를 공들여 지어야 하니까.

좋습니다! 대신 모아 둔 작품을 보관할 곳을 먼저 만들어 주세요.

어차피 당장이 아니라 미래를 위해 짓는다면서요? 너무 소란 떨어서 총독부에서 알면 재미없잖아요.

* 수장고(收藏庫): 귀중한 것을 간직하는 창고. 일반적으로 박물관과 미술관의 수장고는 작품의 훼손을 막고 안전하게 보관하기 위해 습도·온도 등의 조절과 보안에 신경 써서 만든다.

여섯 번째 이야기
청잣빛 하늘 아래 도자기를 만나다

"33점이 있는데 그중 20여 점은 한강 주변을 그린 것 같습니다."

"겸재 화첩을 구했다고요?"

"네, 《경교명승첩》*입니다."

"아주 귀한 화첩을 구했습니다."

* 《경교명승첩(京郊名勝帖)》: 비단에 수묵담채로 그린 화집. 모두 33점으로, 두 권으로 되어 있으며 지금의 서울 풍경을 담고 있다. 겸재 정선이 친구 이병연과, 시와 그림을 서로 바꾸어 보자고 약속하고 그린 것들이다.

현재 심사정(1707~1769)
조선 시대 후기의 화가. 겸재 정선에게서 그림을 배워 중국의 남화와 북화를 종합한 새로운 화풍을 만들어, 김홍도와 함께 조선 후기의 대표적인 화가가 되었다. 특히 풀과 풀벌레를 세밀하게 그리는 '초충도(草蟲圖)'를 잘 그렸다. 조선 시대의 미술에서 중요한 화가 겸재 정선, 현재 심사정, 관아재 조영석을 '삼재(三齋)'라고 부른다.

• 석물(石物): 무덤 앞에 세우는, 돌로 만든 여러 가지 물건. 죽은 사람의 업적을 기리거나 무덤을 지키는 의미로 세웠으며 지위가 높을수록 많은 석물을 세웠다. 사람, 동물, 탑 등 다양한 모양이 전해진다.

일제 시대의 도굴과 고려장

늙고 쇠약한 부모를 산에 버리는 풍습으로 알려진 고려장이 고려 시대의 전통인 것처럼 알려져 있지만 실제로는 일제 시대에 퍼진 이야기라는 설도 있다. 당시 일본인들은 고려 시대의 무덤에서 마구잡이로 유물을 파내어 일본으로 가져가 팔았는데, 조선 시대의 유교는 죽은 사람의 무덤을 파는 것을 금기했기 때문에 고려 시대 사람들은 나쁘다는 인상을 주어 자신들이 유물을 파내는 행위를 정당화했다는 것이다. 고려장이 고려총, 고려분이라고 불린 것을 보면 고려장은 무덤을 뜻하는 일반적인 말이었던 것 같다.

청자 상감운학문 매병(青磁象嵌雲鶴文梅瓶, 국보 제68호)
고려 시대에 만들어진 청자. 무늬 부분을 파내고 다른 재료를 채워 넣는 상감 기법으로 구름과 학 문양을 새긴 청자 꽃병이라는 뜻의 이름이다.

1935년, 전형필은 일본인이 가지고 있던 청자 상감운학문 매병을 되찾아 왔다.

백자 청화철채동채 초충난국문 병(白磁靑畵鐵彩銅彩草蟲蘭菊文甁, 국보 제294호)

조선 시대 백자로 난초와 국화, 나비들이 노는 모습이 표현되어 있다. 조선 시대 백자는 대부분 단순한 아름다움을 추구하는데, 이처럼 붉은색·검은색·푸른색 안료로 다채롭게 장식한 예는 거의 없다. 그 기법을 따서 긴 이름이 지어졌는데 현재는 백자 청화철채동채 초충문 병(白磁靑畵鐵彩銅彩草蟲文甁)이라 불린다.

개스비로부터 구입한 고려청자 중 청자 오리모양 연적, 청자 기린형 뚜껑 향로, 청자 상감연지원앙문 정병, 청자 모자원숭이모양 연적, 백자 박산형뚜껑 향로, 청자 상감포도동자문 매병, 청자 상감국화모란당초문 모자합 7점은 광복 후 국보와 보물로 지정되었다.

1938년 8월, 꿈으로만 생각했던 민족 문화재를 소장한 개인 박물관 보화각이 북단장 안에 문을 열었다.

간송의 보화각이 우뚝 솟아 북쪽의 성곽을 굽어본다.
만 가지의 문화재가 새집을 채웠구나.
오랜 세월을 지켜 온 아름다운 서화와 자랑스러운 골동품이 한자리에 모였으니
우리나라의 옛것과 새것을 후손들에게 보여 주고 알려 줄 수 있네.
우리 함께 귀한 것들을 보고 배우며 자손 길이 보존하세.

오세창의 찬사

세계의 유명 박물관을 가다!

전형필 선생이 1938년에 만든 '보화각'은 우리나라 최초의 개인 박물관이었습니다. 우리나라에는 이 외에도 1909년에 대한제국 황실이 창경궁에 문을 연 '제실박물관'이 있었습니다[이를 일제가 격을 낮추어 이왕가 박물관(이왕가 미술관)이라 바꾸어 불렀지요].

전 세계에도 의미 있는 문화유산을 모아놓은 유명한 박물관이 많습니다. 어떤어떤 박물관이 있는지 살펴봅시다.

영국의 영국 박물관(The British Museum, 대영 박물관)

1753년에 세워진 영국 박물관은 세계 최초의 국공립 박물관으로 런던에 있습니다. 영국 첼시에 살고 있던 한스 슬론 경의, 화석·주화·메달·사진 등 약 7만 점이 넘는 소장품을 영국 정부가 사들이면서 문을 열었습니다.

이후 여러 곳에서 기증을 받고 또 영국이 해외로 세력을 넓혀 가면서 이집트, 아시아, 그리스, 로마 등지의 건축물·고문서·미술품·화폐·상형문자 기록물 등 각종 유물을 소장하게 되었습니다. 유물의 종류가 얼마나 다양하고 폭넓은지, 영국 박물관

세계의 역사를 한자리에서 볼 수 있는 영국 박물관.

한곳에서 세계의 역사를 볼 수 있는 정도입니다. 800만 점이 넘는 세계 각 곳의 유물을 보관하고 있다는 사실도 놀랍지만, 저 많은 문화재가 어떻게 영국 런던으로 올 수 있었을까, 궁금증이 절로 생기는 박물관입니다. 2013년 한 해 동안 670만 명이 다녀갔고 매년 방문자 수가 늘고 있다고 합니다.

입장료는 무료지만 그 많은 관광객이 그 지역에서 먹고 자고 쇼핑할 때 쓰는 돈을 생각하면, 문화가 국민에게 주는 자부심도 대단하지만 경제 효과 또한 만만치 않음을 다시 한 번 느낍니다. 인류가 남긴 문화유산을 높이 평가하고 잘 보존하는 나라가 부국이라는 사실을 깨닫게 합니다.

프랑스의 루브르 박물관(Musée du Louvre)

프랑스 파리 중심에 있는 루브르 박물관은 영국 박물관과 달리, 조각·공예품·회화 등 미술품 39만 점을 소장하고 있는 박물관입니다. 현재 루브르 박물관이 자리한 건물 역시 옛날 루브르궁을 개조한 것으로, 세계 유산으로 지정되어 있습니다.

루브르 박물관은 프랑스의 왕 루이 14세가 거처를 베르사유 궁으로 옮기면서 예술

프랑스 루브르 박물관의 상징인 유리 피라미드.

품 보관 장소로 쓰이다가, 1793년에 회화전을 열면서 박물관의 역할을 하게 되었습니다. 그리고 박물관 정면에 있는 유리 피라미드는 1989년에 세워졌는데, 건축 당시에는 반대가 많았지만 지금은 박물관의 상징으로 당당히 자리하고 있습니다.

루브르 박물관은 밀러의 〈비너스〉, 레오나르도 다빈치의 〈모나리자〉 등 우리에게 알려진 많은 미술품을 소장하고 있습니다. 2013년에는 933만 명이 관람하고 갔다고 하니 그 유명세를 실감할 수 있습니다.

바티칸 시국의 바티칸 박물관(Musei Vatican)

이탈리아의 수도 로마 시 안에 있는 바티칸 시국은, 둘레가 50킬로미터이고 거주하는 사람도 1,000명이 안 되는 세계에서 가장 작은 나라입니다. 전 세계 가톨릭교회를 다스리는 중앙 기관으로 교황이 집무를 보는 교황청이 그곳에 있고, 교황이 시국을 다스리는 수장(지도자)입니다. 그곳 바티칸 시국 안에 바티칸 박물관이 있습니다. 역대 로마 교황들이 수집한 미술품·조각품·고문서 등이 바티칸 박물관 안에 소장되어 있습니다.

로마를 대표하는 문화재 세 개를 꼽으라면 성 베드로 성당, 콜로세움과 함께 이 박물관을 꼽습니다. 박물관의 약 1,400여 개의 방에 소중한 미술품이 전시되어 있는데, 그중에서도 미켈란젤로의 〈피에타〉와 〈최후의 심판〉, 〈천지창조〉 등과 라파엘로, 레오나르도 다빈치, 티치아노 등 르네상스 시대의 내로라하는 작가들의 작품과 그리스 로마 시대의 수많은 조각품 등을 만날 수 있어, 세계 3대 박물관 중 하나로 손꼽힙니다. 2013년만 해도 약 550만 명이 다녀갔으며 해마다 관람객 수가 늘어나고 있다고 합니다.

바티칸 박물관에 있는 미켈란젤로의 〈피에타〉.

이런 복합 박물관도 있어요!

미국의 스미스소니언 박물관

스미스소니언 박물관은 스미스소니언 협회에서 운영하고 있는 종합 박물관으로, 영국인 과학자 제임스 스미스슨(James Smithson)의 기부금으로 1846년 미국 워싱턴 D.C.에 세워졌습니다.

스미스소니언 협회는 항공우주 박물관, 자연사 박물관, 국립 동물원 등 19개 박물관 및 미술관과, 9개 연구소를 두고 있는 세계 최대의 종합 학술 기관입니다. 스미스소니언 협회에 근무하는 직원 수가 6,000명 정도이고 소장한 역사적 유물과 예술 작품이 1억 4,200만 점이라고 하니, 그 규모가 상상을 초월합니다.

연간 2,400만 명이 관람하며, 소속 연구소에서는 예술과 디자인, 역사와 문화, 과학과 기술에 이르기까지 인류사의 모든 분야를 망라하여 연구하고 있답니다. 알래스카에서는 남극의 여러 연구소와 네트워크를 이루고 있고 미국 항공우주국, FBI 등과도 긴밀하게 업무를 협조하여 연구하고 있습니다.

미국 사람들이 평생 꼭 한 번은 가 보고 싶어하는 곳이라 하고 입장료도 없다 하니, 미국에 갈 때 빼놓지 말고 들러 보세요.

스미스소니언 항공우주 박물관 내부의 모습.

일곱 번째 이야기

두 가지 업: 문화 양성과 인재 양성

1939년 여름.

이희섭 사장이 운영하는 문명 상회의 수장품들로 일본에서 조선 고미술 전시를 연다고 합니다.

저도 들었습니다. 전시물이 3,000점이 넘는다더군요.

3,000점이나요?!

그래서 말씀드리는 겁니다. 이번 전시물 중에 특이한 불상이 있는데, 손바닥 크기만큼 축소한 대웅전에 작은 불상이 들어 있었습니다.

그중에는 중요한 문화재도 있을 텐데 모두 일본에서 팔리게 되는 겁니까?

보성 학교

고종이 가장 신뢰하던 신하였던 이용익 대감은 1904년에 10개월 동안 일본에 납치되었다. 그는 그동안 일본의 근대화를 보고 배워 근대 교육을 통해 나라를 구하고자 하는 뜻을 세웠고, 입국 후 일본 교육의 장점을 대한 제국에서 실현하고자 보성 학교(소학교, 중학교, 전문학교)를 세웠다. 이후 학교는 보성 고등보통학교 등을 거쳐 오늘날 보성 중·고등학교로 분리되었고, 보성 전문학교는 고려 대학교가 되었다.

전형필의 사회 사업

전형필은 20대 때부터 형편이 어려운 학생들의 학비를 지원했다. 고아원과 양로원을 운영하던 동화 인보관은 30대 때부터 한국 전쟁 후 없어질 때까지 계속 후원하였다. 겉으로 드러내지 않고 생활이 어려운 지인이나 문화예술인들도 꾸준히 도왔다는 사실이 그가 죽은 후 도움받은 사람들을 통해 밝혀지기도 했다.

태평양 전쟁 (1941~1945)

일본이 미국의 하와이 진주만을 기습적으로 공격한 것으로 시작된 전쟁이다. 미국이 제2차 세계 대전에 이미 참전하고 있어서 제2차 세계 대전의 일부가 되었고, 1945년 일본의 항복으로 끝이 났다. '일본과 식민지인 조선은 하나'라는 의미로 내선일체(內鮮一體)를 강조하며 일본은 전쟁을 위해 각 가정의 놋쇠 그릇까지 거둬들이고 많은 젊은이들을 군인과 일꾼으로 강제로 끌고 가는 등 다양한 형태로 조선을 착취했다.

• 창씨개명(創氏改名): 1940년에 일제가 조선인에게 일본식으로 성과 이름을 강제로 바꾸게 한 일.

1943년 어느 밤, 전형필은 시간이 가는 줄도 모르고 책장을 넘기고 또 넘겼다.

민족의 혼과 얼이 담긴 보물 중에서도 최고의 보물, 한남서림과 함께 받은 평생의 숙제였던 《훈민정음》!

그것을 손에 넣은 감동은 말로 다 표현할 수 없을 정도였다.

전형필은 해방이 될 때까지 《훈민정음》을 발견했다는 소문이 나지 않도록 조심했다. 자칫하면 우리말의 우수성을 증명할 귀중한 자료를 일본에 빼앗길 수도 있기 때문이었다.

《훈민정음》 세종 대왕이 만든 문자 훈민정음('한글'의 옛 이름)을 설명한 책으로, 한문으로 되어 있으며, 《훈민정음 해례본(訓民正音解例本)》이라고도 불린다. 훈민정음이 어떻게 만들어졌으며 각 글자가 어떻게 소리를 내는지를 적고 있다. 훈민정음이 만들어진 지 3년 만에 발행되었다.

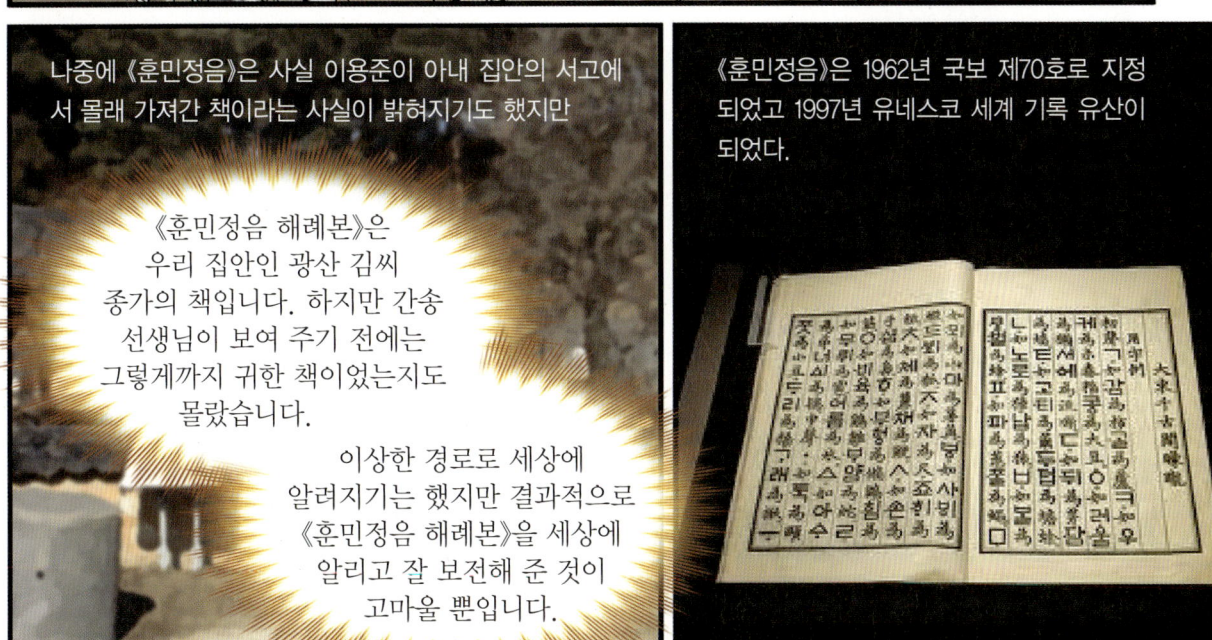

여덟 번째 이야기
새 시대, 새 고난

간송 미술관과 성북 초등학교

간송 미술관과 대문을 나란히 하고 있는 성북 초등학교는 1942년 공립 삼산 초등학교에서 시작되었다. 제1대 하윤실 교장이 있던 당시, 보화각 주변의 땅을 1만 평 넘게 가지고 있던 전형필이 땅 일부를 학교에 기부하여 건물을 새로 지었고, 1946년 성북 국민학교로 교명을 바꾸었다. 1996년 성북 초등학교로 이름이 바뀌었고 건물도 리모델링을 거쳐 지금의 모습을 갖추었다.

심산 노수현은 북단장 별채에서 10년 가까이 머물며 작품들을 그려 냈다.

심산 노수현 (1899~1978)
동양화가이며, 동아일보와 조선일보에서 삽화와 풍자만화를 그렸다. 조선미술전람회에서 입상하자 신문사를 그만두고 본격적으로 작품 활동을 시작해서 좋은 작품을 많이 발표하고 상도 많이 받았다. 해방 후 서울 대학교 미술 대학 교수와 대한민국미술전람회 심사위원 및 고문, 예술원 회원 등을 지냈다. 대표작으로는 〈산촌〉, 〈계산정취〉 등이 있다.

전형필은 나라에서 선정한 고적보존위원회의 위원이 되어 보존해야 할 문화유산 목록을 작성하는 등 사회적으로도 활발하게 활동했다.

1948년 7월 17일에 헌법이 선포되고 8월 15일에 대한민국 정부가 세워졌다.

간송 선생님, 좋은 말씀 많이 해 주셔서 감사합니다.

제가 아는 게 뭐 있겠습니까. 다 위창 선생님 어깨너머로 배운 것뿐이지요.

이 뜻깊은 해에 안타깝게도 전형필의 친어머니가 87세의 나이로 세상을 떠났다.

한국 전쟁 (1950~1953)
1950년 6월 25일에 시작해 1953년까지 대한민국이 남한과 북한으로 나뉘어 싸운 전쟁이다. 남한을 도와 미국과 UN군이, 북한을 도와 공산 국가인 소련과 중국이 참여했으며 일명 '6·25 전쟁'이라고 불린다.

소전 손재형 (1903~1981)
서예가. 어려서부터 할아버지에게 한학과 글씨 쓰는 법을 익혔으며, 1924년에 조선미술전람회에 입선하며 이름을 알렸다. 우리가 사용하는 '서예'라는 말을 만들어 내는 등 서예계에 크게 영향을 끼쳤다.

• 수복(收復): 잃었던 땅이나 권리를 되찾는 것.

전형필은 서둘러 보화각으로 돌아왔다.

떠난 지 3년이 채 되지 않아 돌아온 것이다.

모든 게 엉망으로 망가져 있었지만 미군이 머물고 있어서 전형필은 손도 못 써 보고 보화각을 떠나 배오개 본가에서 지내야 했다.

인류가 함께 보호해요 '유네스코 등재 유산'

전 세계는 두 번의 세계 대전을 겪으며 문화재 보호의 필요성을 크게 느낍니다. 또한 오늘날 각 나라들은 문화재를 보호하는 법을 두어 자국의 문화유산을 관리하고 있습니다. 그리고 또 하나, 국제단체인 유네스코에서도 인류가 함께 보호해야 할 문화재를 지정하여 발표하고 있습니다. 우리가 흔히 듣는 '유네스코 세계 유산'이 바로 그것입니다.

유네스코는 교육, 과학, 문화 등의 분야에서 국제 협력이 이루어지도록 하여 세계 평화와 인류 발전을 이끌기 위해 만들어진 유엔 전문 기구입니다. 이름은 United Nations Educational, Scientific and Cultural Organization(국제 연합 교육·과학·문화 기구), 줄여서 UNESCO라 하지요. 이런 유네스코에서, 인류가 소중하게 지켜 가야 할 문화·자연 유산을 세계 유산으로 지정하여 보호하고 있습니다. 지정된 문화유산에는 각 나라의 국보급 문화재가 포함되어 있으며, 많은 나라들이 자신들의 유산을 자랑하고 알리기 위해 유네스코 등재 유산에 올리려고 노력하고 있습니다.

유네스코 등재 유산이 되기 위해서는 유네스코의 기준과 절차를 따라야 하며, 등재 유산이 되면 유네스코 협약에 따라 문화재의 관리 감독도 철저히 따라야 합니다. 유네스코 등재 유산에는 세계 유산, 인류 무형 문화유산, 세계 기록 유산, 세 종류가 있습니다.

세계 유산

1972년에 채택한 유네스코 '세계 문화 및 자연 유산의 보호에 관한 협약'에 따라, 어디에 있느냐에 상관없이 인류의 보편적이고 뛰어난 가치를 지닌 유산이 세계 유산 목록에 이름을 올릴 수 있습니다. 종류로는 문화유산, 자연 유산 그리고 문화와 자연의 가치를 함께 담고 있는 복합 유산이 있습니다.

세계 유산 로고.

〈세계 유산에 오른 우리 유산〉
해인사 장경판전, 종묘, 석굴암·불국사, 창덕궁, 수원 화성, 고창·화순·강화 고인돌 유적, 경주 역사유적 지구, 제주 화산섬과 용암동굴, 조선 왕릉, 한국의 역사마을: 하회와 양동, 남한산성.

인류 무형 문화유산

2003년에 채택한 유네스코 '무형 문화유산 보호 협약'에 따라, 문화의 다양성과 창의성이 유지될 수 있도록 대표 목록이나 긴급 목록에 각국의 무형 유산을 올리는 제도입니다. 2005년까지 '인류 구전 및 무형 유산 걸작'이라는 이름으로 진행하던 프로그램이었으나 무형 문화유산의 중요성이 커지면서 지금과 같은 형태를 갖추게 되었습니다.

인류 무형 문화유산 로고는 유네스코 로고와 함께 사용하도록 하고 있다.

〈인류 무형 문화유산에 오른 우리 유산〉

종묘제례 및 종묘 제례악, 판소리, 강릉단오제, 강강술래, 남사당놀이, 영산재, 처용무, 제주 칠머리당 영등굿, 가곡, 대목장, 매사냥, 줄타기, 택견, 한산 모시 짜기, 아리랑, 김장 문화.

세계 기록 유산

유네스코가 전 세계의 귀중한 기록물을 보존하고 활용하기 위하여 1997년부터 2년마다 세계적으로 가치 있는 기록 유산을 선정하는 사업으로, 책이나 문서·편지 등 여러 종류의 유산이 포함됩니다.

세계 기록 유산 로고.

〈세계 기록 유산에 오른 우리 유산〉

훈민정음, 조선왕조실록, 직지심체요절, 승정원일기, 고려 대장경판 및 제경판, 조선왕조 의궤, 동의보감, 일성록, 5·18 민주화 운동 기록물, 난중일기, 새마을운동 기록물.

아홉 번째 이야기
이현서옥 사랑방 친구들

혜곡 최순우 (1916~1984)

1946년 국립 개성박물관 직원으로 시작해서 1984년 국립 중앙 박물관장을 지내던 중에 사망한, 박물관인이자 미술사학자다. 본명인 최희순보다 전형필이 지어 준 호 '혜곡'과 이름 '최순우'로 더 많이 알려졌다. 문화재 발굴, 이송, 전시, 기획 등의 분야에서 활약했으며, 국보 외국 전시를 주도하여 우리 문화의 우수성을 세계에 알렸다. 생전에 살던 최순우 옛집은 2006년에 대한민국의 등록 문화재 제268호로 지정되었다. 간송 미술관에서 멀지 않은 서울 성북동에 위치해 있으며 많은 관람객에게 사랑받는 명소다.

대한민국 국보

해방 후 1955년 대한민국 정부는 '국보고적명승천연기념물보존회'를 만들어, 지난 1933년 일제의 '조선보물고적명승천연기념물보존령'에 따라 지정된 보물 가운데 북한에 있는 것을 제외한 나머지 목록을 대한민국의 국보로 승격시켰다. 그리고 1962년에 문화재보호법을 만들면서 국보와 보물로 나누어 지정했다.

추사 김정희(1986~1856)
조선 후기의 문신이자 서화가다. 순조 때 문과에 급제하여 성균관 대사성, 이조참판 등을 지냈다. 붓글씨를 잘 썼으며 많은 글씨를 공부한 후 자신만의 독특한 글씨체를 완성하여, 그 글씨체를 그의 호를 따서 추사체(秋史體)라 부른다. 완당(阮堂), 추사(秋史) 외에도 여러 호가 있으나 추사 김정희로 많이 불린다.

전형필은 문화재에 관심이 많은 지인들과 지방으로 답사 여행을 다니곤 했다.

우리 문화에 대해 더 많이 알고자 하는 사람들에게는 이현서옥의 보물들을 보여 주며

그에 얽힌 사연이나 지식을 아낌없이 알려 주곤 했다.

이렇게 우리끼리만 즐길 게 아니라 우리 문화에 대한 책을 만들어 보는 게 어떻겠습니까?

> 〈고고미술(考古美術)〉
> 1960년 8월에 창간된 한국 최초의 미술사학 학술지. 고고미술 동인회*인 김원룡, 전형필, 진홍섭, 최순우, 황수영 등이 중심이 되어 만든 월간지로, 우리나라 고미술사에 지대한 영향을 미쳤다. 전형필이 죽은 후에도 계속 발간되었으며, 고고미술 동인회가 한국미술사학회로 이름을 바꾼 후 〈고고미술〉도 지금은 〈미술사학연구〉로 이름을 바꾸어 계속 발표되고 있다.

• 동인회: 어떤 일에 뜻을 같이하는 사람들의 모임.

1960년 8월, 국립 박물관에서 학술지 〈미술자료〉를 펴냈다.

그로부터 보름 뒤에 민간 학술지 〈고고미술〉이 세상에 나왔다.

〈미술자료〉는 창간호 필자가 김재원 관장님, 김원룡 수석학예관, 진홍섭 경주분관장, 황수영 학예관, 윤무병 학예관, 최순우 학예관이고,

〈고고미술〉 창간호 필자는 전형필, 김원룡, 진홍섭, 황수영, 윤무병, 최순우……, 거의 비슷하네.

〈미술자료〉는 주로 연구 논문 중심이고, 〈고고미술〉은 답사와 발굴 보고 중심이야.

어쨌든 이런 책이 나왔으니 앞으로는 고고학이나 미술사학을 공부하는 데 많이 도움되겠다!

〈미술자료(美術資料)〉
1960년 8월에 창간된 국립 박물관 학술지. 처음에는 계절에 따라 1년에 4회 발행되는 계간지 형식을 띠다가 점차 1년에 2회, 1년에 1회로 발행 횟수를 줄였다. 지금도 계속 발간되고 있으며, 국립 중앙 박물관 홈페이지에서 창간호부터 E-Book으로 볼 수 있다.

열 번째 이야기

간송이 남긴 아름다운 유산

1960년 가을, 최순우의 집.

어서들 오세요! 연락도 없이 웬일이세요?

주인장 계십니까?

친구 집 결혼식에 갔다가 최 선생님 댁에 들르자고 하도 조르셔서요.

날씨가 좋아서 연락도 없이 왔습니다.

잘 오셨습니다. 이 양반은 잠깐 동네에 나갔는데 곧 올 겁니다. 차라도 한 잔 하시면서 기다리세요.

음-.

나도 단순한 그림은 그릴 수 있지 않을까? 고보 때는 곧 잘 그린다고 칭찬도 받았는데…….

본인의 겸손함과는 달리 전형필의 그림은 사람의 마음을 사로잡는 매력으로 좋은 평가를 받았다.

• 부고: 사람의 죽음을 알리는 것.

- 문화 포장: 문화예술 활동으로 문화 발전에 크게 이바지한 사람이나 나라의 권위와 명성을 떨친 사람에게 주는 상.
- 2014년 10월, 나라에서는 전형필 선생에게 문화 포장보다 높은 금관 문화 훈장을 수여하였다.

가헌 최완수 (1942~)
국립 박물관에서 문화재 발굴을 하다가 최순우의 추천으로 1966년에 간송 미술관의 학예사로 인연을 맺는다. 현재 간송 미술관 한국민족미술연구소 연구소장을 맡고 있으며, 그동안 간송 미술관을 중심으로 우리 문화예술을 널리 알려 온 공헌을 인정받아 우현학술상 등을 수상했다.

간송 미술관과 〈간송문화〉
간송 미술관으로 새 단장을 한 보화각은 1971년 '겸재전(謙齋展)'으로 첫 전시회를 열었다. 이후 해마다 봄·가을에 한 번씩 수장품으로 기획 전시회를 열고 있으며, 입장료는 무료다. 개관과 더불어 한국민족미술연구소에서 발간하는 〈간송문화(澗松文華)〉도 꾸준히 발표되고 있다.

전형필의 유족들도 아버지의 뜻을 이어가고 있다.

아시아와 우리의 전통문화의 정신세계를 색과 형태로 표현하는 '만다라'의 화가로 유명한 큰아들 전성우는 간송미술문화재단 이사장을 맡고 있다.

작은아들 전영우는 최순우, 진홍섭, 황수영 등의 도움을 받아 보화각의 자료를 정리하여 간송 미술관과 한국민족미술연구소로 재편하고, 미술관을 맡고 있다.

그리고 우연인지 필연인지 전형필의 자녀와 손자 들은 대부분 미술 분야에서 활약하고 있다.

학교에서 만난 간송 미술관 대표 소장품

청자 상감운학문 매병

고려 시대, 높이 42.1 cm, 국보 제68호, 청자 매병.

상감 기법은 도자기 표면에 무늬를 새겨, 파낸 부위에 다른 재료를 메워 넣어 장식하는 방법이고, 매병은 아가리가 좁고 어깨는 넓으며 밑이 홀쭉하게 생긴 병을 일컫는다. 이 작품은 이름 그대로, 상감 기법으로 구름무늬와 학 무늬(운학문)를 표현한 매병 모양의 푸른 자기다. 무늬에서 원 안의 학은 하늘을 향하여 날아가는 모습이고 바깥쪽 학은 땅 쪽을 향해 내려가는 모습이다.

훈민정음

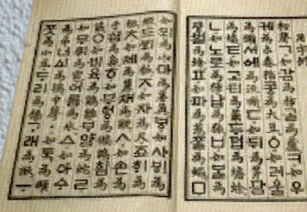

조선 시대(1446년), 23.3×16.6 cm, 국보 제70호, 세계 기록 유산.

세종 대왕의 명령으로 정인지 등 집현전 학자들이 새로 만든 글자인 훈민정음에 대해 설명한 한문 해설서로 목판본이다. 한글을 창제한 목적과 세종이 쓴 서문, 한글을 만든 원리와 해례(보기를 들어서 풀이함) 등이 상세히 설명되어 있다. 글자 이름인 훈민정음과 똑같이 《훈민정음》이라고도 하고, 해례가 붙어 있어서 《훈민정음 해례본》 또는 《훈민정음 원본》이라고도 한다.

미인도

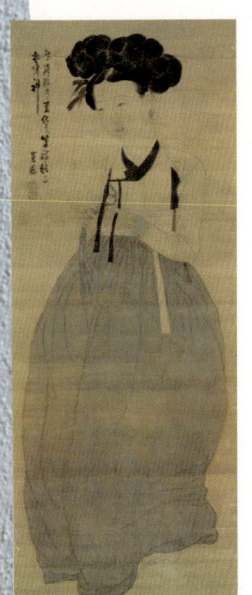

조선 시대, 114 × 45.5 cm, 비단에 채색, 인물화.

혜원 신윤복(1758~?)의 최고의 걸작으로 꼽히는 그림으로, 조선 후기 미인의 아름다움이 잘 나타나 있다.

신윤복필 풍속도 화첩

조선 시대, 28 × 35 cm, 국보 제135호, 종이에 채색, 풍속화 화첩.

김홍도, 김득신과 함께 조선 시대 3대 풍속화가로 불리며 남녀 간의 사랑이나 여성의 아름다움을 표현하는 그림을 많이 그린 혜원 신윤복의 화첩이다. 이 책에는 〈단오풍정〉, 〈월하정인〉(사진) 등 18세기 말의 풍속과 복식을 엿볼 수 있는 풍속화 30여 점이 실려 있다.

파적도

조선 시대, 22.5 × 27.1 cm, 종이에 엷은 채색, 풍속화.

긍재 김득신(1754~1822)의 작품으로, 어느 한적한 농가 마당에서, 병아리를 물고 달아나는 고양이와 놀라 날개 치는 어미 닭, 황급히 고양이를 잡으려는 주인 부부의 한 순간의 소동을 담은 그림이다. '파적도(破寂圖)'는 '정적을 깨다.'라는 의미이고, '들고양이가 병아리를 훔치다.'라는 뜻의 '야묘도추(野猫盜雛)'라고도 불린다.

인곡유거도

조선 시대, 27.3 × 27.5 cm, 종이에 엷은 채색, 산수화.

겸재 정선(1676~1759)이 서울 인왕산 자락에 있던 자신의 집 '인곡유거(또는 인곡정사)'의 풍경을 그린 그림이다. 조용하고 운치 있는 분위기가 잘 전달되는 작품으로, 그림 오른쪽 아래 기와집 안에 단정히 앉아 있는 사람을 정선 자신으로 보기도 한다.

간송 미술관에 있는 국보 또는 보물

청자 기린형뚜껑 향로 국보 제65호 고려 시대.
청자 상감연지원앙문 정병 국보 제66호 고려 시대.
청자 상감운학문 매병 국보 제68호 고려 시대.
훈민정음 국보 제70호 조선 시대.
동국정운 권1, 6 국보 제71호 조선 시대.
금동계미명삼존불입상 국보 제72호 삼국 시대.
금동삼존불감 국보 제73호 고려 시대.
청자 오리모양 연적 국보 제74호 고려 시대.
신윤복필 풍속도 화첩 국보 제135호 조선 시대.
동래선생교정북사상절 권4, 5 국보 제149-1호 조선 시대.
청자 모자원숭이모양 연적 국보 제270호 고려 시대.
백자 청화철채동채 초충문 병 국보 제294호 조선 시대.

백자 박산형뚜껑 향로 보물 제238호 고려 시대.
금보 보물 제283호 조선 시대.
금동여래입상 보물 제284호 통일 신라 시대.
금동보살입상 보물 제285호 삼국 시대.
청자 상감포도동자문 매병 보물 제286호 고려 시대.
분청사기 박지철채화문 병 보물 제287호 조선 시대.
분청사기 상감모란문 반합 보물 제348호 조선 시대.
청자 상감국화모란당초문 모자합 보물 제349호 고려 시대.
괴산 외사리 승탑 보물 제579호 시대 모름.
문경 오층석탑 보물 제580호 시대 모름.
삼층석탑 서울특별시 유형문화재 제28호 고려 시대.
석조팔각승탑 서울특별시 유형문화재 제29호 통일 신라 시대.
석불입상 서울특별시 유형문화재 제30호 고려 시대.
석조 비로자나불좌상 서울특별시 유형문화재 제31호 고려 시대.

되짚어 보고 생각해 보고

되짚어 봅시다

1. 전형필 선생이 변호사나 검사가 되는 것을 마다하고 제일 먼저 찾아가 앞날을 의논한 사람은 누구인가요?
   ① 위창 오세창   ② 춘곡 고희동   ③ 한남서림 백두용 사장
   ④ 영국인 변호사 개스비

2. 전형필 선생은 문화재 공부를 하기 위해 누구의 제자가 되었나요?
   ① 위창 오세창   ② 춘곡 고희동   ③ 단원 김홍도   ④ 골동품 가게 '온고당' 주인

3. 전형필 선생은 조선 시대 화가들을 시대별로 정리한 책으로 미술 공부를 시작하였습니다. 그 책의 이름은 무엇인가요?
   ① ≪목민심서≫   ② ≪직지심체요절≫   ③ ≪근역서화징≫   ④ ≪왕오천축국전≫

4. 전형필 선생은 개인 박물관인 보화각을 세웠습니다. 보화각을 세운 이유가 아닌 것을 고르세요.
   ① 국가가 귀중한 문화유산을 모을 수 있는 힘이 없어서
   ② 나라의 주권을 일본에게 빼앗겨 나라가 문화유산을 돌볼 여유가 없어서
   ③ 국가에서 문화재에 대한 안목이 없어서
   ④ 소중한 문화유산이 자꾸 외국인들 손에 넘어가 해외로 빠져나갔기 때문에

5. 전형필 선생은 교육 사업도 하였습니다. 위창 선생의 부탁으로, 나라의 힘을 기르기 위해 운영하게 된 학교는 어디인가요?
   ① 보성 고등보통학교   ② 휘문 고등보통학교   ③ 성균관   ④ 반도 여학교

6. 전형필 선생은 ≪훈민정음≫에 주인이 부른 값의 열 배를 더 쳐 주었습니다. 왜 그랬나요?
   ① 다른 사람이 사 갈까 봐   ② 무척 중요한 문화재라 그 값어치가 있어서
   ③ 책이 좋아서   ④ 자신이 만들 박물관에 전시하고 싶어서

생각해 봅시다

1. 나에게 엄청나게 큰돈이 생겼습니다. 전형필 선생과 같이 나라를 잃은 상황에 있다면, 어떤 방식으로 어려워진 나라를 돕겠습니까? 다른 생각이 있으면 적어 보세요.
① 먹을 것을 나눠 주는 등 어렵게 사는 동포들을 도와준다.
② 학생들이 공부를 할 수 있도록 돕는다.
③ 침략자에 맞설 군사를 키워 낼 수 있도록 돕는다.
④ 그 외 (   )
그 이유도 적어 봅시다.

2. 여러분이 만약 박물관을 세운다면 어떤 박물관을 세우고 싶은가요? 그 이유와 소장품을 어떻게 모을지 생각해 봅시다. (예. 자동차 박물관, 화폐 박물관, 곤충 박물관, 장난감 박물관, 보석 박물관, 시계 박물관, 카메라 박물과, 과학박물관, 과자 박물관, 오디오 박물관 등)

3. 숭례문(남대문)과 흥인지문(동대문)은 모두 서울을 둘러싼 성곽의 큰 문인데, 숭례문은 국보 1호이고 흥인지문은 보물 1호입니다. 다음의 자료를 읽고 이유를 생각해 봅시다.

생각 자료

숭례문(남대문): 조선 시대 초인 1398년 지어져 1447년에 수리하였고, 안타깝게도 2008년에 한 노인이 불을 질러 무너져 내린 것을 2013년에 복원하였습니다. 2008년의 사건 이후 탄식과 함께 여러 말들이 있었으나, 숭례문은 피해를 입지 않은 부분이 남아 있고, 또 피해를 입은 부분도 원래의 모습을 복구할 수 있는 등 여러 이유가 있어 국보의 자격을 유지한다고 합니다.
숭례문은 지금까지 남아 있는 도성 건축물 중 가장 오래되었고, 규모가 장중하며 균형이 잘 이루어져 있습니다. 조선 시대 건축의 미를 잘 보여 주는 건물이며, 이전 고려 시대에 보여 주던 건축 방식과 다른 창의적인 방식으로 지어진 것으로 평가받고 있습니다.
흥인지문(동대문): 1398년에 지어진 것을 1453년에 고쳐 지었으며, 1869년에 새로 지어 오늘날의 모습이 되었습니다. 장식이 많고 기교에 치중하는 등 조선 후기의 특징이 잘 나타나 있습니다. 도성 8개의 성문 중 유일하게, 성문을 보호하고 튼튼히 지키기 위한 반원 모양의 옹성을 갖추고 있습니다.

간송 전형필 선생 연보

1906. 7. 29.	서울 종로4가에서, 중추원 의관 전영기의 둘째 아들로 태어남.
1917.	어의동 공립보통학교 입학.
1921.	휘문 고등보통학교 입학.
1926.	일본 와세다 대학교 법과 입학.
1929. 2.	아버지 전영기가 세상을 뜨면서 집안의 가장이자 유일한 상속자가 됨.
1930. 3.	일본 와세다 대학 법과 졸업.
	귀국 후 위창 오세창 선생을 만남. 우리 문화재 수집 시작.
1932.	서울 관훈동에 있는 한남서림 운영.
1934.	서울 성북동에 북단장을 엶.
1938. 8.	북단장에 개인 박물관 보화각('나라의 빛나는 보물을 모아둔 집'이라는 뜻)을 엶.
1940.	재단법인 동성학원 설립. 보성 고등보통학교 인수.
1943.	집 열 채 값을 주고 《훈민정음》 입수.
1945. 9.	보성 중학교 교장 겸임.
1946. 9.	보성 중학교 교장 사직.
1947.	고적보존위원회 위원으로 활동.
1954.	문화재보존위원회 제1, 제2 분과 위원으로 활동.
1956.	교육 공로자 표창 받음.
1960.	고고미술동인회 결성.
	우리나라 최초의 미술사학 학술지 〈고고미술〉 창간.
1962. 1. 26.	급성 신우염으로 세상을 뜸.
1962. 8. 15.	대한민국 문화 포장 추서*.
1964. 11. 13.	대한민국 국민 훈장 동백장 추서.
2014. 10. 29.	대한민국 금관 문화 훈장 추서.

*추서: 사람이 죽은 뒤에 더 높은 벼슬을 내리거나 훈장 등을 주는 것을 이름.

사진 자료

50쪽	삼층석탑(간송 미술관)
79쪽	윤용 〈증산심청도〉(서울대학교 박물관)
	정선 〈산수도〉(서울대학교 박물관)
81쪽	《근역서화징》
	강세황 〈자회상〉(국립 중앙 박물관)
	이명기·김홍도 〈서직수 초상〉(국립 중앙 박물관)
	이한철 〈이하응 초상〉(서울 역사 박물관)
82쪽	《근역화휘》(서울대학교 박물관): 정선 〈산수도〉, 윤용 〈증산심청도〉, 김득신 〈유어도〉, 이인문 〈연화도〉, 이도영 〈게〉
84쪽	정선 〈인곡유거도〉(간송 미술관)
86쪽	안견 〈몽유도원도〉(일본 덴리대학교)
96쪽	조영석 〈촌가여행〉(간송 미술관)
97쪽	조영석 〈현이도〉(간송 미술관)
116쪽	정선 〈압구정〉(간송 미술관)
125쪽	청자 상감운학문 매병(간송 미술관)
127쪽	백자 청화철채동채 초충난국문 병(간송 미술관)
138쪽	미켈란젤로 〈피에타〉(바티칸 박물관)
159쪽	《훈민정음》(간송 미술관)
199쪽	이정 〈풍죽도〉(간송 미술관)
203쪽	팔대산인 〈송어〉
	팔대산인 〈하화취조도축〉
205쪽	전형필 〈고당추효〉(간송 미술관)
219쪽	전성우 〈청화만다라〉
222쪽	신윤복 〈미인도〉(간송 미술관)
	신윤복 〈월하정인〉(간송 미술관)
223쪽	김득신 〈파적도〉(간송 미술관)

* 중복되어 나오는 자료는 처음 나오는 페이지만 밝힘.

참고 자료

간송 전형필. 한국민족미술연구소, 1996.
간송 전형필. 이충렬 지음, 김영사, 2010.
혜곡 최순우, 한국미의 순례자. 이충렬 지음, 김영사, 2012.
간송미술문화재단 홈페이지(www.kansong.org)
문화재청 홈페이지(www.cha.go.kr)